BEI GRIN MACHT SICH IHR WISSEN BEZAHLT

- Wir veröffentlichen Ihre Hausarbeit, Bachelor- und Masterarbeit

- Ihr eigenes eBook und Buch - weltweit in allen wichtigen Shops

- Verdienen Sie an jedem Verkauf

Jetzt bei www.GRIN.com hochladen und kostenlos publizieren

Bibliografische Information der Deutschen Nationalbibliothek:

Die Deutsche Bibliothek verzeichnet diese Publikation in der Deutschen National-
bibliografie; detaillierte bibliografische Daten sind im Internet über http://dnb.d-
nb.de/ abrufbar.

Impressum:

Copyright © 2008 GRIN Verlag, Open Publishing GmbH
Druck und Bindung: Books on Demand GmbH, Norderstedt Germany
ISBN: 978-3-656-71643-3

Dieses Buch bei GRIN:

http://www.grin.com/de/e-book/274647/strategien-und-vorgehensmodelle-fuer-
die-einfuehrung-einer-enterprise-resource

Lars Nielsen

Strategien und Vorgehensmodelle für die Einführung einer Enterprise Resource Planning Software

GRIN Verlag

GRIN - Your knowledge has value

Der GRIN Verlag publiziert seit 1998 wissenschaftliche Arbeiten von Studenten, Hochschullehrern und anderen Akademikern als eBook und gedrucktes Buch. Die Verlagswebsite www.grin.com ist die ideale Plattform zur Veröffentlichung von Hausarbeiten, Abschlussarbeiten, wissenschaftlichen Aufsätzen, Dissertationen und Fachbüchern.

Besuchen Sie uns im Internet:

http://www.grin.com/

http://www.facebook.com/grincom

http://www.twitter.com/grin_com

Lars Nielsen (2008): Strategien und Vorgehensmodelle für die Einführung einer Enterprise Resource Planning Software

Inhalt

1. Einleitung

Die folgende Arbeit beschäftigt sich mit Einführungsstrategien und Vorgehensmodellen, die grundsätzlich für eine ERP-Einführung geeignet sind. Bei der Vorstellung der Modelle erfolgt eine Klassifizierung nach klassischen und agilen Modellen. Mit einem klassischen Modell ist in diesem Zusammenhang ein Modell gemeint, dessen Vorgehen sequenziell-linear ausgelegt ist. Bei agilen (wandelbaren) Modellen wird von einem parallelen, nicht-linearen Vorgehen ausgegangen

Es wird eine Auswahl an gängigen Modellen unter dem Blickwinkel der ERP-Einführung in KMU vorgestellt. Dabei werden die Inhalte der Modelle nicht nur zusammenfassend vorgestellt, sondern zum Teil auch miteinander verglichen, bewertet und ergänzt. Anschließend wird in Kap. 5 zusammenfassend bewertet, ob sie für eine ERP-Einführung speziell in KMU geeignet erscheinen und welche Zusammenhänge zwischen der Einführungsstrategie und dem Vorgehensmodell bestehen.

Detaillierte Beschreibungen der einzelnen Projektphasen der Modelle sind in jeweiligen Quellen zu finden. Eine ausführliche Wiedergabe würde den Rahmen dieser Arbeit sprengen.

Vorweg sei darauf hingewiesen, dass es sich bei einigen der Vorgehensmodelle um Modelle zum Projektmanagement, zur Software-Entwicklung und/oder zur Software-Einführung handelt. Diese können nach der Meinung des Autors grundsätzlich für die ERP-Einführung angewendet werden. Auch bei den Modellen, die konkret zur ERP-Einführung entwickelt wurden, handelt es sich meist um Spezialisierungen allgemeiner Vorgehensmodelle.

2. Einführungsstrategien

In den folgenden Unterkapiteln wird auf Grundlagen verschiedener Einführungsstrategien eingegangen, da diese die Basis für die Vorgehensmodelle bilden. Auch wenn grundsätzlich jedes Vorgehensmodell mit jeder Strategie angewendet werden könnte, sind bestimmte Strategien für bestimmte Vorgehensmodelle mehr oder minder gut geeignet.

2.1 Unterscheidungsmerkmale der Strategien

Bei der Einführung einer ERP-Software wird zwischen verschiedenen Strategien unterschieden. Zur Unterscheidung der Strategien dienen hierbei primär zeitliche als auch sekundär fachliche Merkmale. In den folgenden Kapiteln wird auf die Details der einzelnen Strategien eingegangen. Für einen besseren Überblick wird vorab eine kurze Übersicht der Unterscheidungsmerkmale gegeben.

Zunächst können zwei grundsätzliche Strategien zeitlich unterschieden werden: Zum einen die „simultane Einführung" eines ERP-Systems zu einem bestimmten Zeitpunkt (auch als „Big Bang" bezeichnet); zum anderen die „sukzessive Einführung" eines ERP-Systems in mehreren Etappen über einen Zeitraum verteilt (auch als „modular", „stufenweise" oder „step-by-step" bezeichnet). Die sukzessive Einführung kann wiederum fachlich nach „funktionsorientiert" (modulweise Einführung) und „prozessorientiert" (prozessweise Einführung) unterschieden werden. (vgl. HESSELER, GÖRTZ 2007, 98ff.; KLEIN 2003; DORRHAUER, ZLENDER 2004, 50ff.; WELTI 1999, 7ff.)

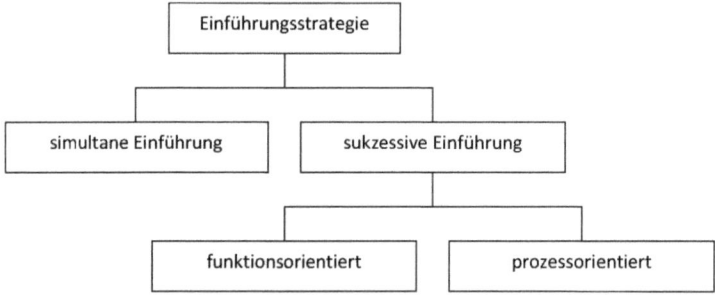

Abbildung 1: Zeitlich und sachlich abgestufte Einführungsstrategien (vgl. HESSELER, GÖRTZ 2007, 101)

Es kann noch eine weitere sachliche Strategie, die „bereichsweise Einführung" (auch als „Roll-out" bezeichnet), unterschieden werden. Bei dieser Strategie wird die ERP-Software sukzessive in einzelnen Standorten, Geschäftsbereichen oder rechtlich unabhängigen Unternehmen eingeführt (vgl. DORRHAUER, ZLENDER 2004, 50; WELTI 1999, 9f.).

Diese Strategie wird in dieser Arbeit jedoch nicht weiter berücksichtigt, da sie für KMU größenbedingt typischerweise nicht sinnvoll angewendet werden kann.

2.2 Simultane Einführung

Bei der simultanen Einführung werden, einfach gesagt, alle Module eines ERP-Systems im gesamten Unternehmen gleichzeitig an einem Stichtag in den Produktivbetrieb übernommen. Für diese Strategie muss, auf Grund des hohen Integrationsgrades und eines erhöhten Koordinierungsbedarfs der betroffenen Unternehmensbereiche, ein grundsätzlich höherer Projektaufwand in Kauf genommen werden (vgl. HESSELER, GÖRTZ 2007, 99; KLEIN 2003, 7).

Vorteile der simultanen Einführung

- Minimierung der Anzahl temporärer Schnittstellen zum Altsystem, da die neue Software an einem Stichtag eingeführt wird.

- Erhebliche Reduzierung der Gesamtlaufzeit des Projektes, gegenüber einer sukzessiven Einführung.

- Die frühere Nutzung der ERP-Software führt zur früheren Realisierung des wirtschaftlichen Nutzens der Software.

- Aufwand für KMU überschaubar und daher grundsätzlich gut geeignet.

(vgl. HESSELER, GÖRTZ 2007, 99ff.; KLEIN 2003, 7f.; DORRHAUER, ZLENDER 2004, 50f.)

Nachteile der simultanen Einführung

- Höhere Anforderungen an das Projektmanagement und somit höhere Vorlaufzeit des Projektes.

- Höhere Zusatzbelastung des gesamten Unternehmens durch die gleichzeitige Arbeit mit einer neuen Software in allen Bereichen.

- Höhere Anforderungen an die Umstellungsqualität. Das neue System kann bei Problemen nur noch kurzzeitig außer Betrieb genommen werden.

- Planungsfehler und Funktionsmängel können schwerwiegende Folgen haben, unter denen nicht zuletzt die Nutzerakzeptanz leidet.

- Die Übernahme der Altdaten ist schwierig, falls mehr als ein Altsystem im Einsatz ist, von dem gleichzeitig ein Schnappschuss der Daten angefertigt werden muss.

(vgl. HESSELER, GÖRTZ 2007, 99ff.; DORRHAUER, ZLENDER 2004, 50f.)

2.3 Sukzessive Einführung

Bei der sukzessiven Einführung werden einzelne Module des ERP-Systems zeitlich versetzt in Betrieb genommen. Bei dieser Strategie ist grundsätzlich auf eine sinnvolle Reihenfolge der Inbetriebnahme der Module zu achten (z.B. erst Lagerwirtschaft, dann Produktion). DORRHAUER, ZLENDER (2004) sind der Auffassung, dass die Prozessoptimierung ebenfalls je Modul zeitlich versetzt separat vorgenommen werden kann. Sowohl der Autor, als auch KLEIN (2003) teilen diese Meinung jedoch nicht, da die Wahrscheinlichkeit, dass die Prozessoptimierung eines Moduls andere indirekt beeinflusst, relativ hoch ist (z.B. wird die Lagerwirtschaft oft nicht nur von der Fertigung, sondern auch von den Anforderungen des Einkaufs und des Versands beeinflusst). Auch wenn sich diese Strategie in der Praxis teilweise nicht vermeiden lässt, sollte sie jedoch nach Möglichkeit bei einer ERP-Einführung in KMU vermieden werden. (vgl. HESSELER, GÖRTZ 2007, 100f.; KLEIN 2003, 6f.; DORRHAUER, ZLENDER 2004, 49f.)

Vorteile

- Projektgröße bleibt überschaubar. Die Anforderungen an das Projektmanagement werden reduziert.

- Die Projektkosten verteilen sich über einen größeren Zeitraum, was die Finanzierung für das Unternehmen vereinfacht.

- Es ist möglich, ein schnelles Erfolgserlebnis zu erreichen, welches sich positiv auf die Motivation von Projektmitarbeitern und Anwendern auswirkt.

- Durch kleinere Einzelprojekte wird die organisatorische Komplexität im Unternehmen reduziert, da immer nur einzelne Unternehmensbereiche betroffen sind.

(vgl. HESSELER, GÖRTZ 2007, 100f.; KLEIN 2003, 6f.; DORRHAUER, ZLENDER 2004, 49f.)

Nachteile

- Für die noch existierenden Alt-Systeme müssen Schnittstellen zum Synchronisieren der Daten geschaffen werden. Diese können aufwendig und fehleranfällig sein.

- Die Einführung einzelner Module hat den Anschein einer Zwischenlösung.

- Die Nutzung der wirtschaftlichen Integrationseffekte kommt erst nach der vollständigen Einführung komplett zum Tragen.

- Es besteht die Gefahr, dass Anforderungen an einzelne Module durch spätere Einführung anderer Module zunächst unvollständig erfasst werden.

(vgl. HESSELER, GÖRTZ 2007, 100f.; KLEIN 2003, 6f.; DORRHAUER, ZLENDER 2004, 49f.)

2.4 Differenzierung der sukzessiven Einführung

Funktionsorientiert

Bei der funktionsorientierten Einführungsstrategie handelt es sich um die klassische sukzessive Einführung von ERP-Software. Die Software ist meist funktionsorientiert aufgebaut, so dass auch bei der Einführung eine Unternehmensfunktion nach der anderen umgestellt wird. Problematisch bei dieser Strategie ist die mögliche Entstehung von „Insel-Lösungen" in einzelnen Abteilungen. (vgl. HESSELER, GÖRTZ 2007, 101f.)

Der prozessorientierte Gedanke, der eigentlich hinter einer ERP-Einführung steht, kommt hier unter Umständen nicht vollständig zum tragen.

Prozessorientiert

Die sukzessive prozessorientierte Strategie versucht den eben genannten Nachteil auszugleichen. Bei dieser Vorgehensweise wird einerseits versucht, Komplexität und

Risiko durch ein abgestuftes Vorgehen zu minimieren; andererseits wird versucht, einen kompletten Prozess vollständig einzuführen. Es werden also alle an einem bestimmten Geschäftsprozess beteiligten Module berücksichtigt und eingeführt. Beispielsweise werden für den Auftragsabwicklungsprozess neben dem vollständigen Vertriebsmodul Teile aus weiteren Modulen, wie der Lagerwirtschaft, Rechnungswesen und Produktion, eingeführt. (vgl. HESSELER, GÖRTZ 2007, 101f.)

3. Klassische Vorgehensmodelle

In Anhang B wird ein Vorgehensmodelle vorgestellt, die der Autor als „klassisch" bezeichnet. Der Begriff wurde gewählt, da er zum einen für „(...) allgemein vorbildhaft, mustergültig, Maßstäbe setzend, normativ; typisch, zeitlos (...)" (BROCKHAUS 2007b) und zum anderen für einen „(...) Teilbereich einer Wissenschaft, der vor einer umwälzenden neuen Theorie beziehungsweise ohne die dieser zugrunde liegenden Vorstellungen entwickelt wurde (...)" (BROCKHAUS 2007b) steht. Dementsprechend steht das Kapitel 4 für „Agile Vorgehensmodelle", die nach neueren wissenschaftlichen und praktischen Erkenntnissen entwickelt wurden (siehe dort).

Wie in den Modellen beschrieben, haben die klassischen Vorgehensmodelle eine wesentliche Gemeinsamkeit: Den linearen zeitlichen Ablauf der Projektphasen. Es sind je nach Umsetzung des Modells durchaus Rücksprünge in vorhergehende Projektphasen erlaubt, jedoch ist eine grundsätzliche Parallelisierung oder ein bewusst iteratives Vorgehen, wie bei den agilen Modellen, nicht vorgesehen.

Die meisten der klassischen Modelle basieren auf dem sogenannten „Wasserfallmodell". Das Wasserfallmodell ist ein Projektmanagementmodell, welches in ersten Versionen bereits 1956 von BENING als 9-Phasen-Modell beschrieben und u.a. von ROYCE 1970 erweitert wurde. Die einzelnen Projektphasen werden nacheinander streng sequenziell durchgeführt, wobei, je nach Modell, ein Rücksprung in den jeweils vorherigen Schritt erlaubt ist. In Abbildung 2 wird dieses Prinzip verdeutlicht. (vgl. GNATZ 2005, 20f.):

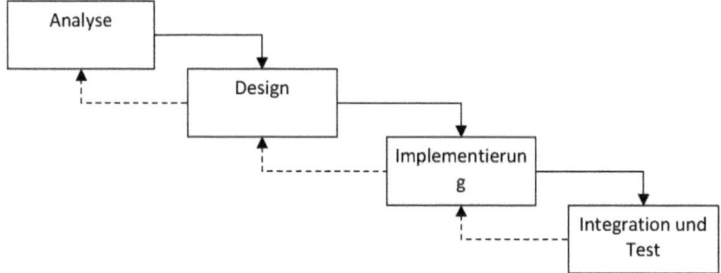

Abbildung 2: Typische Phasen des Wasserfallmodells (GERNERT 2003, 30)

Bei den vorgestellten klassischen Modellen handelt es sich generell um Wasserfallmodelle, die für eine ERP-Einführung in KMU geeignet scheinen. Der Detaillierungsgrad und die Arbeitsschritte in den Projektphasen können sich unterscheiden, da die Modelle zum Teil für deutlich größere Projekte, als eine ERP-Einführung in KMU, entwickelt wurden.

Die Auswahl der Modelle ist auf Grund ihres Bekanntheitsgrades bzw. der jeweiligen Hersteller, sowie auf Grund der öffentlich verfügbaren Dokumentation und Literatur erfolgt.

Das „OnTarget"-Vorgehensmodell wird vom Autor bei der Vorstellung der klassischen und agilen Modelle als Referenzmodell sowohl für die klassischen als auch für die agilen Modelle verwendet, so dass teilweise auf dessen Inhalte in anderen Modellen verwiesen wird. Die Vorstellung der anderen Modelle beschränkt sich daher im Wesentlichen auf die jeweiligen Prinzipien und Besonderheiten.

4. Agile Vorgehensmodelle

In Anhang A und Anhang B werden zwei Vorgehensmodelle zur ERP-Einführung vorgestellt, die einen agilen Projektmanagementansatz verfolgen.

Der deutsche Begriff *agil* kann aus dem Lateinischen oder vom dem englischen Wort *agile* abgeleitet werden und steht für „flink, gewandt" (BROCKHAUS 2007a). Er hat seit dem 90er Jahren im Kontext der Softwareentwicklung einen hohen Bekanntheitsgrad durch neue Prinzipien des Managements von Softwareentwicklungsprojekten erhalten. Bekannte Vorgehensmodelle im Bereich der agilen Softwareentwicklung sind z.B. das EXTREME PROGRAMMING (XP) (WOLF ET AL. 2005) und der RATIONAL UNIFIED PROCESS (RUP) (IBM 2007).

Eine wesentliche Neuerung in diesen agilen Modellen seitens des Projektmanagements, gegenüber den klassischen Wasserfallmodellen, ist ein iterativ-inkrementelles Vorgehen. Dies bedeutet, Projekte werden in mehrere kleine Phasen aufgeteilt, in sogenannte „Iterationen". Jede Iteration wird durch ihren festen, gleichbleibenden Zeitrahmen, sowie über den Inhalt der in diesem Rahmen realisiert werden soll, definiert. Sollte sich in einer Iteration herausstellen, dass Inhalte zeitlich nicht mehr realisiert werden können, so werden die Inhalte angepasst - nicht der Zeitrahmen. Diese Technik ähnelt damit den bekannten Managementtechniken „Time-boxing" und dem „80/20 Prinzip". (vgl. WOLF ET AL. 2005, 48ff.; SHIELDS 2002, 35f.)

Als weitere prinzipielle Neuerung werden bei diesen Modellen die Inhalte der Phasen bzw. Iterationen (Vorbereitung, Analyse, Konzeption, etc.) nicht mehr so klar getrennt wie bei den klassischen Modellen. Es werden lediglich inhaltliche Schwerpunkte gesetzt, die sich im Laufe des Projektes verschieben. Die meisten Tätigkeiten werden über das gesamte Projekt in jeder Iteration erneut durchgeführt, allerdings mit einer unterschiedlichen Intensität. (vgl. GERNERT 2003, 30f.)

Eine Konsequenz aus diesem agilen Vorgehen ist eine Parallelisierung verschiedener Tätigkeiten, die bei den klassischen Modellen nicht vorgesehen ist (vgl. Abbildung 7, unten).

Der Rational Unified Process (RUP) von IBM selber befindet sich nicht unter den vorgestellten Vorgehensmodellen, da das vorgestellte agile Projektmanagementmodell von GERNERT (2003) auf diesem basiert (vgl. Anhang B).

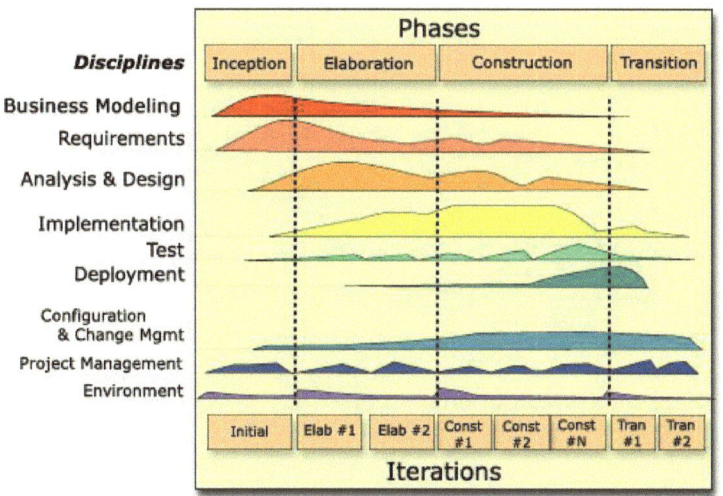

Abbildung 3: Phasenmodell des Rational Unified Process (WIKIPEDIA, GFLEWIS 2006)

Beachtenswert ist des Weiteren der explizite Verweis in den Quellen auf aktuelle (Projekt-)Managementtechniken, die in agilen Projekten eingesetzt werden sollen und müssen, um diese zum Erfolg zu führen. Auch wenn die Details dieser Techniken kein expliziter Bestandteil dieser Arbeit sind, wird in den vorgestellten Modellen zumindest auf diese verwiesen. Auch wird in den Quellen immer wieder die notwendige Agilität betont: „Agiles Projektmanagement ist eine Sammlung von Ideen und Vorgehensweisen, die sich schon vielfach im Projektalltag bewährt haben. Es ist angemessen, bedarfsorientiert und damit bereits vom Konzept her durch und durch pragmatisch." (GERNERT 2003, 5)

5. Bewertung der Strategien und Modelle

Grundsätzlich geben die vorgestellten Strategien und Vorgehensmodelle nur Rahmenabläufe und allgemeine Methoden und Arbeitsweisen vor. Es wird nicht auf konkrete Inhalte eingegangen, da es sich nur um Modelle, d.h. abstrakte Abbilder der Realität, handelt.

Die konkrete Ausgestaltung des individuellen Projektes wird maßgeblich von den vorgestellten Rahmenbedingungen und Zielen in KMU beeinflusst.

Auf Grund dessen kann an dieser Stelle auch nur eine allgemeine, nicht abschließende Bewertung erfolgen. Die folgende Matrix stellt die Bewertung von Strategie und

Vorgehen durch den Autor dar. In den folgenden Kapiteln werden dann die einzelnen Kombinationen begründet.

Tabelle 1: Bewertung von Einführungsstrategie und Vorgehensmodell

Strategie \ Vorgehen	Klassisches Vorgehen	Agiles Vorgehen
Simultane Einführung	++	- / ++
Sukzessive Einführung	+	++

5.1 Klassische Vorgehensmodelle

Die klassischen Vorgehensmodelle bieten mit ihren linearen Abläufen eine sehr klare und leicht verständliche Struktur und ein relativ einfaches Projektmanagement. Sie erscheinen daher für überschaubare Projekte gut geeignet, bei denen abzusehen ist, dass das Risiko von Zieländerungen, gegenüber der Analyse und Konzeption, während der Realisierung gering ist.

Die simultane Einführung erfordert ein aufwendigeres Projektmanagement und stellt höhere Anforderungen an das Unternehmen. Da insbesondere das klassische Vorgehen auf einen konkreten Projektabschluss und den Produktivstart nach Abschluss der Umstellungsphase zielt, ist dieses Vorgehen für eine simultane Einführung, die das gleiche Ziel verfolgt, sicherlich sehr gut geeignet.

Bei der sukzessiven Einführung in Kombination mit dem klassischen Vorgehen wird das System zunächst soweit fertig gestellt, dass die einzelnen Bereiche sukzessiv in den Produktivbetrieb gehen können. Dieses aus Sicht des Projektmanagements einfacher zu handhabende Vorgehen passt sicherlich ebenfalls gut zu dem klassischen Vorgehen.

5.2 Agile Vorgehensmodelle

Agile Vorgehensmodelle benötigen auf Grund ihres inkrementell-iterativen Aufbaus grundsätzlich ein komplexeres Projektmanagement. Sie haben jedoch den Vorteil, dass bei Beginn der Durchführungsphasen nicht alle Details bekannt sein müssen. Daher bietet sich dieses Vorgehen insbesondere für unübersichtlichere Projekte mit einer hohen Änderungswahrscheinlichkeit während der Realisierung an.

Wird nicht nur der reine Anpassungsprozess, sondern das gesamte Projekt iterativ gehandhabt, ist eine simultane Einführung eher nicht zu empfehlen. Ist anzunehmen, dass nach dem Ende bestimmter Iterationen bereits eine Inbetriebnahme des gesamten Systems mit einem Teil der Funktionen oder aber einzelner Teile des Systems erfolgt, handelt es sich bereits um eine sukzessive Einführung. Eine simultane Einführung wäre dementsprechend kaum realisierbar.

Würde jedoch lediglich die Durchführungsphase (d.h. die Analyse, Konzeption, Anpassung) iterativ durchgeführt, ist auch hier eine simultane Einführung sehr gut geeignet.

5.3 Ergebnis der Bewertung

Im Ergebnis sind somit alle Kombinationen von Strategien und Vorgehensmodellen denkbar.

Es kann auf Grund der beschriebenen Eignung der Modelle für unterschiedliche Situationen keine allgemeine Empfehlung für die ERP-Einführung in KMU gegeben werden. Eine Entscheidung muss letztendlich anhand der individuellen Situation des Unternehmens getroffen werden.

Aus Sicht eines mittelständischen Softwarehauses ist es jedoch durchaus sinnvoll, eines der Modelle der eigenen Situation anzupassen und generell zu verwenden. Grund ist das eigene, einheitliche ERP-Produkt und die Ähnlichkeit der Kunden. Dies führt zu einem methodisch ähnlichen Vorgehen bei vielen Kunden, welches durch eine entsprechende Standardisierung effizient und qualitativ hochwertiger gestaltet werden kann.

6. Literaturverzeichnis (inklusive weiterführender Literatur)

AT-MIX (2007): Softwarehaus. Online im Internet: "URL: http://www.at-mix.de/softwarehaus.htm [Stand:02.09.2007]".

BROCKHAUS (2005): ERP. Begriffsdefinition. In: Greulich, Walter (Hg.): Der Brockhaus Computer und Informationstechnologie. Hardware, Software, Multimedia, Internet, Telekommunikation. Leipzig, Mannheim: Brockhaus (Fachlexikon).

BROCKHAUS (2007): Agil. Begriffsdefinition: Der Brockhaus in 15 Bänden. Permanent aktualisierte Online-Auflage. Leipzig, Mannheim: Brockhaus.

BROCKHAUS (2007): Klassisch. Begriffsdefinition: Der Brockhaus in 15 Bänden. Permanent aktualisierte Online-Auflage. Leipzig, Mannheim: Brockhaus.

CHECKLISTE (2008): Das Checklisten-Verzeichnis. Online im Internet: "URL: http://checkliste.de [Stand:11.02.2008]".

COMPUTERWOCHE (2007): Firmen verschenken ERP-Chancen. Thema der Woche. In: Computerwoche, H. 20, S. 11.

DORRHAUER, C./ ZLENDER, A. (2004): Business-Software. ERP, CRM, EAI, E-Business ; eine Einführung. Marburg: Tectum-Verl.

EBEL, D./ SEIDL, P. (2006): ERP-System als IT-Rückrad. In: Hompel, Michael ten (Hg.): Software in der Logistik. Marktspiegel. 1. Aufl. München: Huss-Verl. (Logistik Praxis).

EBEL, N. (2007): PRINCE2 - Projektmanagement mit Methode. Grundlagenwissen und Vorbereitung für die Zertifizierungsprüfungen. München: Addison-Wesley.

EU-KOMMISSION (2005): KMU-Definition. Online im Internet: "URL: http://ec.europa.eu/enterprise/enterprise_policy/sme_definition/index_de.htm [Stand:02.09.2007]".

FISCHER, H./ FLEISCHMANN, A./ OBERMEIER, S. (2006): Geschäftsprozesse realisieren. Ein praxisorientierter Leitfaden von der Strategie bis zur Implementierung. 1. Aufl. Wiesbaden: Vieweg.

GEBERT, D./ ROSENSTIEL, L. VON (1992): Organisationspsychologie. Person und Organisation. 3., überarb. und erw. Aufl. Stuttgart: Kohlhammer.

GERNERT, C. (2003): Agiles Projektmanagement. Risikogesteuerte Softwareentwicklung. München: Hanser.

GHEZZO, M. (2007): KMU sollten genau prüfen, welches Konzept ihren Bedürfnissen entspricht. Ressort: PC & CO. In: Computerwelt, H. 5.

GNATZ, M. A. J. (2005): Vom Vorgehensmodell zum Projektplan. Dissertation. München. Technische Universität, Fakultät für Informatik.

HAUER, R. (1996): Total-quality-Management in der Softwareproduktion. Industrielle Leistungserstellung und Modelle eines umfassenden Qualitätsmanagements. Frankfurt am Main: Lang.

HESSELER, M./ GÖRTZ, M. (2007): Basiswissen ERP-Systeme. Auswahl, Einführung und Einsatz betriebswirtschaftlicher Standardsoftware. Herdecke, Witten: W3L-Verl.

HOFMANN, D. (2005): Unternehmensführung, Studienbrief 2, Unternehmensorganisation – Aktuelle Methoden der Unternehmensführung: Studienbrief der Hamburger Fern-Hochschule.

IBM (2007): Rational Unified Process. Online im Internet: "URL: http://www-306.ibm.com/software/awdtools/rup/ [Stand:07.10.2007]".

INDUSTRIE (1999): Selbstgestrickte Programme genießen hohen Stellenwert bei ERP-Anwendern. Online im Internet: "URL: http://www.industrie.de/industrie/live/infothek/fachartikelarchiv/ha_artikel/detail/905531.html [Stand:17.09.2007]".

KLEIN, G. (2003): ERP-Implementierung: Big Bang Aansatz vs. Stufenweiser Einführung von ERP-Systemen. Seminararbeit. Wirtschaftsuniversität Wien. Online im Internet: "URL: http://wwwai.wu-wien.ac.at/~koch /lehre/inf-sem-ss-03/klein/klein.pdf [Stand:17.09.2007]".

KNÖLL, H.-D. (2001): Optimising business performance with standard software systems. How to reorganise workflows by chance of implementing new ERP-systems (SAP, BAAN, Peoplesoft, Navision ...) or new releases. 1. Aufl. Braunschweig: Vieweg.

MARTIN, R. (2006): So gelingt die ERP-Einführung. Produkte und Technologien. In: Computerwoche, H. 18, S. 28–29.

NEUBAUER, W. F. (2003): Organisationskultur. Organisation und Führung. Stuttgart: Kohlhammer.

ORTNER, W. (2005): Effizienz durch Workflowmanagement. Vorgehensmodell für ERP-Systeme. Graz: Leykam. Industrielles Management, Bd. 3.

PLMLABOR (2007): Accelerated SAP. Online im Internet: "URL: http://www.plmlabor.de/index.php?id=1178 [Stand:04.10.2007]".

POHL, K. (2007): Requirements Engineering. Grundlagen, Prinzipien, Techniken. 1. Aufl. Heidelberg: dpunkt.Verl.

SAP (2007): Implementation Roadmap. Online im Internet: "URL: http://help.sap.com/saphelp_46c/helpdata/de/c5/feaa38bc6ff279e10000009b38f8cf/frameset.htm [Stand:04.10.2007]".

SCHEIN, E. H. (1995): Unternehmenskultur. Ein Handbuch für Führungskräfte. Frankfurt: Campus-Verl.

SCHERER, E. (2005): Letztlich entscheidet das Tagesgeschäft: Anwender-Qualifizierung in ERP-Projekten. In: ERP Management, H. 2, S. 22–25.

SEIBOLD, H. (2006): IT-Risikomanagement. München: Oldenbourg.

SHIELDS, M. G. (2002): ERP-Systeme und E-Business schnell und erfolgreich einführen. Ein Handbuch für IT-Projektleiter. 1. Aufl. Weinheim: Wiley-VCH.

TOBLER, G./ U.A. (2004): Kosten für Einführung ERP System. Online im Internet: "URL: http://www.competence-site.de/discussion.nsf/

859719b44b8a3878c1256a31004e6993/38e2f87394cde231c1256ed0003f81d9!OpenDocument
[Stand:15.07.2007]".

VERING, O. (2002): Methodische Softwareauswahl im Handel. Ein Referenz-Vorgehensmodell zur
Auswahl standardisierter Warenwirtschaftssysteme. Berlin: Logos-Verl.

WELTI, N. (1999): Successful SAP R/3 Implementation. Practical Management of ERP Projects.
Amsterdam: Addison-Wesley.

WIKIPEDIA/ 91.10.167.135 (2007): Enterprise Resource Planning. Online im Internet: "URL:
http://de.wikipedia.org/w/index.php?title=
Enterprise_Resource_Planning&oldid=35923072 [Stand:24.08.2007]".

WIKIPEDIA/ GFLEWIS (2006): Rational Unified Process. Phasenmodell. Online im Internet: "URL:
http://upload.wikimedia.org/wikipedia
/en/a/aa/RationalUnifiedProcess.png [Stand:06.10.2007]".

WIKIPEDIA/ W!B (2007): Fragenkatalog. Online im Internet: "URL:
http://de.wikipedia.org/w/index.php?title=Fragenkatalog&oldid=38890132 [Stand:12.11.2007]".

WÖHE, G. (1996): Einführung in die Allgemeine Betriebswirtschaftslehre. 19.,neubearb. Aufl.
München: Vahlen.

WOLF, H./ ROOCK, S./ LIPPERT, M. (2005): eXtreme Programming. Eine Einführung mit Empfehlungen
und Erfahrungen aus der Praxis. 2., überarb. und erw. Aufl. Heidelberg: dpunkt-Verl.

Anhang A

„Schnelle Implementierung" von SHIELDS

Das von SHIELDS (2002) vorgestellte - sehr konkrete - Vorgehensmodell zur „schnellen Implementierung" von ERP-Systemen wird nicht explizit als agiles Modell bezeichnet. Da es jedoch maßgeblich auf agilen Techniken basiert und für KMU anwendbar ist, wird es vom Autor in diesem Kapitel vorgestellt. Das Modell wurde ursprünglich zur Auswahl und Einführung einer beliebigen ERP-Software entwickelt. Es lässt sich jedoch nach Meinung des Autors auch sehr gut für die Implementierung eines ERP-Systems in KMU durch ein Softwarehaus selber anwenden.

Der grundsätzliche Ablauf des Vorgehensmodells ist in der folgenden Abbildung veranschaulicht:

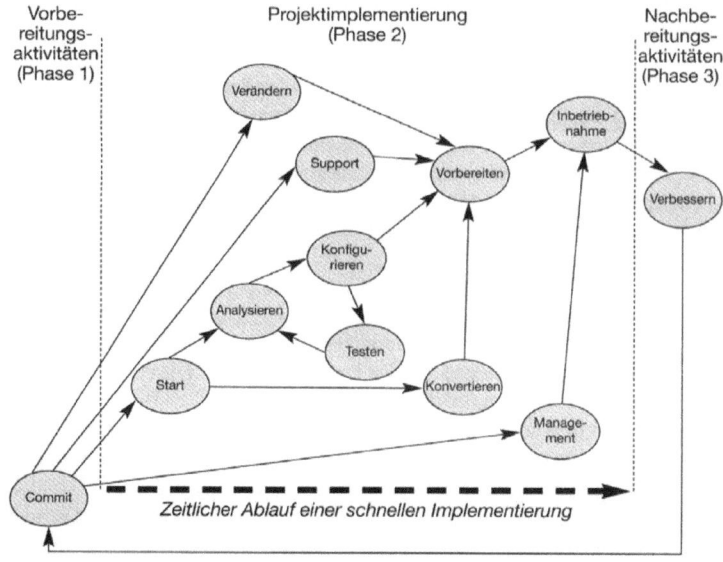

Abbildung 1: Roadmap für schnelle Implementierungen (SHIELDS 2002, 45)

Die hier als „Aktivitäten" bezeichneten Punkte, sind mit den „Phasen" der klassischen Modelle vergleichbar. Es wird in diesem Kapitel diese leicht abweichende Terminologie der Quelle verwendet. Die Inhalte der Aktivitäten sind vergleichbar mit den Phasen im „OnTaget"-Modell.

Commit: Die Inhalte sind ähnlich den Phasen „Vorbereitung" und „Organisation" im „OnTaget"-Modell. Hervorgehoben wird das notwendige Commitment für das Projekt seitens des Managements, denn fehlendes Commitment ist eine der häufigsten Ursachen für das Scheitern. Auch muss die Projektorganisation und -infrastruktur in dieser Aktivität sehr gut vorbereitet werden. Grund sind die Aktivitäten der folgenden Phase 2 deren Parallelisierung und deren kurze Zyklen kaum Raum für grundsätzliche strukturelle Änderungen mehr lassen. (vgl. SHIELDS 2002, 46ff.)

Start: Diese Aktivität beinhaltet das Kick-off Meeting, sowie erste Schulungen für die Teammitglieder, um sie für die folgenden Aktivitäten vorzubereiten. (vgl. SHIELDS 2002, 51ff.)

Management: Das Management ist eine Aktivität, die parallel über die gesamte Projektlaufzeit ausgeführt werden muss. Zu den wichtigen Techniken gehören das Geschäftsmodell, der Projektarbeitsplan, Statusberichte, Management von Projektinhalten, Time-Boxing, 80/20 Management, Beispiele und Ergebnisse, sowie das Risikomanagement. (vgl. SHIELDS 2002, 55ff., 125ff.)

Analysieren, Konfigurieren, Testen: Dieser Zyklus stellt die eigentlichen Iterationen dieses Modells dar. Es werden immer wieder die Anforderungen analysiert, das ERP-System konfiguriert und das Ergebnis getestet. Ziel ist, mit jeder Iteration weitere Teile des Systems zu implementieren. Durch die relativ kleinen Zeiteinheiten und die unmittelbaren Tests durch Schlüsselanwender wird u.a. gewährleistet, dass die Implementierung nicht in eine falsche Richtung läuft und dies erst zu spät bemerkt wird. (vgl. SHIELDS 2002, 57ff.)

Veränderungen: Unter Veränderungen wird in diesem Modell das Verändern und Optimieren von Geschäftsprozessen verstanden. Wie bei einem iterativen Vorgehen üblich, werden die Veränderungen nicht vollständig vorab geplant, sondern erfolgen sukzessive mit der Implementierung des Systems. Typischerweise beginnt dies unmittelbar nach bzw. mit der ersten Analysephase, da erst hier die Optimierungen identifiziert und anschließend direkt berücksichtigt werden können, und endet mit der letzten Konfiguration. (vgl. SHIELDS 2002, 67ff.)

Support: Unter Support wird bei diesem Modell der technische IT-Support verstanden, der während des Projektes gewährleistet sein muss. (vgl. SHIELDS 2002, 72ff.)

Konvertierung: Mit Konvertierung als Aktivität ist nicht nur die tatsächliche Datenmigration vor der Inbetriebnahme gemeint, sondern auch der Aufbau der entsprechenden Konzepte und Programme. Dies erfolgt in diesem Modell nicht als separate Phase am Ende, sondern bereits während der gesamten Implementierung. Grund ist das iterative Vorgehen, bei dem mit jeder Iteration weitere zu konvertierende Daten identifiziert werden können. (vgl. SHIELDS 2002, 75ff.)

Vorbereitung: Diese Aktivität entspricht weitestgehend der „Umstellung" im „OnTarget"-Modell, inkl. Schulungen, Tests, Datenkonvertierung, etc. (vgl. SHIELDS 2002, 79ff.)

Inbetriebnahme, Verbesserung: Die Inbetriebnahme ist der Produktivstart des Systems, während die Verbesserungen der Phase 3 den Zeitraum nach der Inbetriebnahme betreffen, der nicht Bestandteil dieser Arbeit ist. (vgl. SHIELDS 2002, 83ff.)

Anhang B

„Agiles Projektmanagement" von GERNERT

GERNERT (2003) hat ein allgemein gehaltenes Vorgehensmodell zum agilen Projektmanagement in der Softwareentwicklung entwickelt. Grundsätzlich ist das Modell jedoch für jede Art IT-bezogenes Projekt anwendbar, so auch für die ERP-Einführung in KMU.

Die Hauptphasen des Modells sind ähnlich wie bei SHIELDS (2002) klassisch linear vorgesehen:

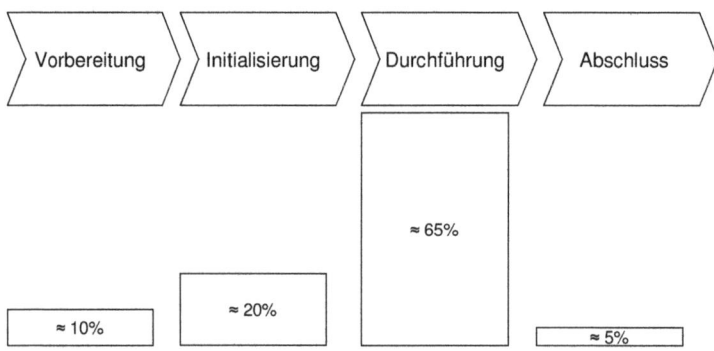

Abbildung 2: Phasen und der Aufwand in einem agilen Projekt (vgl. GERNERT 2003, 29)

Auch in diesem Modell sind in den einzelnen Phasen wieder ähnliche Inhalte zu finden, wie sie bereits im „OnTarget"-Vorgehensmodell vorgestellt wurde. Auf die Besonderheiten der einzelnen Phasen, insbesondere der Durchführung wird im Folgenden eingegangen.

Vorbereitung: Die Inhalte gleichen den Phasen „Vorbereitung" und „Organisation" des „OnTarget"-Vorgehensmodells, jedoch in einer sehr groben Variante. Es wird besonderer Wert darauf gelegt, dass die Ziele, Inhalt und Umfang des Projektes sehr klar definiert werden (vgl. GERNERT 2003, 54ff.). Des Weiteren wird, typisch für ein iteratives Vorgehen, bereits in dieser Phase eine grobe Lösung inkl. Struktur, Aufwand und Terminplanung festgelegt (vgl. GERNERT 2003, 63ff.).

Initialisierung: In dieser Phase werden die Projektinhalte so detailliert wie nötig festgelegt, bevor die eigentliche Durchführung beginnt. Die Inhalte entsprechen damit einer Verfeinerung der Phasen „Vorbereitung" und „Organisation", sowie den Phasen

„Analyse" und „Konzeption" des „OnTarget"-Vorgehensmodells. Als Besonderheit wird zu Beginn dieser Phase festgelegt, ob die Durchführungsphase klassisch-linear als Wasserfallmodell oder iterativ-inkrementell ausgeführt wird. Das klassisch-lineare Vorgehen wird hier für überschaubare Projekte empfohlen, das iterativ-inkrementelle Vorgehen für risikoreichere Projekte, in deren Verlauf viele Änderungen zu erwarten sind. (vgl. GERNERT 2003, 63ff.)

Durchführung: Diese Phase stellt die eigentliche Implementation dar, damit entspricht sie inhaltlich den Phasen „Anpassung" und „Umstellung" des „OnTarget"-Vorgehensmodells. Sofern eine inkrementelle Durchführung gewählt wurde, ist das Vorgehen ähnlich den Aktivitäten „Analysieren", „Konfigurieren", „Testen" bei der „schnellen Implementierung" von SHIELDS (2002), ansonsten entspricht es eher dem „OnTarget"-Modell. Bei einem iterativen Vorgehen muss insbesondere beachtet werden, dass jede Iteration selber wiederum aus den Phasen Vorbereitung, Initialisierung, Durchführung, Abschluss besteht - jedoch mit denen der jeweiligen Iteration entsprechenden Inhalten. (vgl. GERNERT 2003, 165ff.)

Abschluss: Der Abschluss des Projektes wird in diesem Modell als separate Phase hervorgehoben. Einerseits wird eine Bilanz des Projektes gezogen, in der betrachtet wird, ob der Kunde und das Projektteam zufrieden sind, die Projektstatistiken ausgewertet werden und das Projekt im Archiv dokumentiert wird. Andererseits sollte das Projekt noch einmal reflektiert und aus den Projekterfahrungen gelernt werden.

Mehr zu diesem Thema finden Sie in „Vorgehensmodell zur ERP-Einführung in kleinen und mittelständischen Unternehmen (KMU)" von Lars Nielsen, ISBN: 978-3-638-94778-7, http://www.grin.com/de/e-book/91659/vorgehensmodell-zur-erp-einfuehrung-in-kleinen-und-mittelstaendischen-unternehmen/

BEI GRIN MACHT SICH IHR
WISSEN BEZAHLT

- Wir veröffentlichen Ihre Hausarbeit,
  Bachelor- und Masterarbeit

- Ihr eigenes eBook und Buch -
  weltweit in allen wichtigen Shops

- Verdienen Sie an jedem Verkauf

Jetzt bei www.GRIN.com hochladen
und kostenlos publizieren